JN418667

순례기

오름시인선 · 39
순례기

펴낸날 _ 2018년 1월 31일
지은이 _ 김명아
펴낸곳 _ 기획출판 오름
등록번호 _ 동구 제364-1999-000006호
등록일자 _ 1999년 2월 25일
주소 _ 대전광역시 동구 대전로 815번길 125 2층 (삼성동)
전화 _ 042.637.1486
팩스 _ 042.637.1288
E-mail _ orumplus@hanmail.net

ISBN _ 978-89-90151-08-7
값 10,000원

· 잘못된 책은 바꾸어드립니다.
· 지은이와의 협의에 의해 인지는 생략합니다.

「이 도서의 국립중앙도서관 출판예정도서목록(CIP)은 서지정보유통지원시스템 홈페이지(http://seoji.nl.go.kr)와 국가자료공동목록시스템(http://www.nl.go.kr/kolisnet)에서 이용하실 수 있습니다.(CIP제어번호: CIP2018003181)」

※본 사업은 대전문화재단 | 대전광역시 DAEJEON METROPOLITAN CITY | 한국문화예술위원회 에서 사업비 일부를 지원받았습니다.

오름시인선 · 39

김명아

시인의 말

산마루에 올라서서

온 길 뒤돌아보니
꼬불꼬불하네

땅바닥만 바라보다
숲을 보지 못했군

내려갈 땐 두루 살펴
천천히 내려가야지

해 넘어갈라

2018년 1월
김명아

차례

제2부 길을 걷다가

제3부 하늘을 우러러

제1부

꿈꾸는 안면도

꽃지 백사장에 나가

친구와 놀던 추억

달려오는 파도

하늘과 구름

할미바위

솔밭

바다아침

간밤에 귀뚜라미 쓰르라미
바다 위에 가느다란
선을 긋고 떠나갈 때

바다는 하얀 웃음 피우고
아침 햇살
입맞춤 하네

큰 소리 작은 소리로
백사장에 하얗게
태초의 소리를 뱉고 있네

해변에서

검푸른 바다는
검은 구름을
무지개로 받쳐 들고

조약돌 밑에 숨었던
임의 얘기
모래사장에
그려둔 사랑
소라껍질 속에
잉태된 밀어가
어울려 왔습니다

모래사장
주둥이 긴 도요새 한 마리
모래알 씹어 뱉으며
그날 밤 한잠도 못자고
가슴을 앓았습니다

해풍

웡웡
솔밭 지나
대숲 속 달려
파란빛을 토하고

달각 달각
창문을 흔들어
문풍지 사이로
하얀 빛을 웡웡

바닷소리는
바닷바람을 타고
동네방네
숨을 나른다

어촌일기

썰물이 되면
아빠 배 지나간 갯벌 따라
갈매기 나르고
조개 캐며 먼 수평선 바라봅니다

밀물 조갯자리 덮으면
작업장에서 떠나는 뱃고동 소리
바다 가르고
배턱 까지 물이 차오르면
무겁게 닻을 내립니다

빈 배로 돌아오는 저녁은
갈매기 소리만
귀에 담아옵니다
배는 뱃머리로 배턱을 쥐어박고

할미바위

임
오시기를
임
오시기를

수평선에
영혼 날리며
바다 지키는
망부석

한 세월 풍우에
몸이 야위어
밤낮 없는 파도소리에
잠 못 이루네

작은 새 찾아 우는
할미바위
갈매기 날아돌며
넋을 달래네

외로운 철새

어제 뉴스에
제비가 강남을
못가고
애태운다고 했다

가로등 아래에서
역 대합실에서
스레트 지붕 아래
깜빡이는 형광등 아래에서

맨살 감추는
얇은 옷 입고
바람 막을 의지간을 지어
내일을 살 꿈을 안고

카시미론 이불 덮고
발 오그려 잠을 청한다
열아홉 구멍 연탄불에
발가락을 데운다

강남 제비 태워 보낼
비행기가 없단 말인가
외로운 철새
그냥 텃새로 만들 작정인가

소녀에게 I

나의 꿈을 모두 실은 소녀야
빛나는 너의 눈망울
큰 우주를 담고
굳게 다문 입가에
세상 깨칠 침묵이 산다

심야의 기도 속에
꿈을 키우는 소녀야
세상 소리 듣지 말고
눈을 감아라
밤을 앓는 이 소리
꿈을 깰까 걱정이다

내 마음 가득 담은 소녀야
크고 높은 너의 꿈은
낮을 사르는 햇님이고
밤 밝히는 달빛이다

닦아지지 않은
너의 언어

조각가 앞의 대리석
꿈을 응시하는 동공 속의 형상

소녀야
밤을 새어 망치를 들고
손바닥 군살 박히도록
정을 잡아라

그림으로 그릴 수 없고
언어로도 빚을 수 없는 형상이
세상 밝히는 등불되어
피어오를 그날을 기다린다

소녀에게 II

어여쁜 아가가 있었습니다
내가 저 아가였으면 했습니다
아가는 물들지 않은
하얀 마음만 가졌을 거니까요
그래서 아가의 얘기를
들을 수 없었습니다
몇 날을 들어도 모를 겁니다
아가가 살 세상과
내가 살 세상이 다르기 때문일 겁니다
아가는 내가 있으면 좋아하고
또 웃었습니다
나는 아가를 사랑했습니다
나의 사랑은 큰 사랑이라 생각했습니다
그러나 사랑에는 크기가 없었습니다
그래서 세상은 어렵게 그려져 있습니다
아가가 예쁘면 업어주고
그래도 예쁘면 안아주고
입 맞추어 주었습니다
아가는 울었습니다
나의 사랑은 아가에겐 아픔이었나봅니다

그래도 아가를 사랑해야 합니다
달이 사는 세상은 밤이고
해가 사는 세상은 낮이듯이
달과 해가 만날 수 없고
밤과 낮이 섞일 수 없습니다
기차는 무겁게 빠르게 달립니다
세상은 큰 역사를 낳고
역사를 업고 무겁게 달립니다
기차가 달리는 레일은 만날 수
없는 두 길입니다
그러나 기차는 바쁘기만 합니다
두 레일은 만날 수 없지만 없어선
안 되는 존재로 늘 그 만큼의 거리에서
마주보고 삽니다
아가와 나는 세상 짊어지고
서 있는 두 길입니다
우리는 서로 떨어진 자리에서
녹슬지 않게 세상을 우리 몸 위로
굴려야 합니다

안면 일호지

찌는
한바탕
목욕으로
상처를 씻고

낚싯줄은
가슴팍
갈빗대에
묶여서

숨죽이고

촉각을
모두 세워
뒤척이는
잉어

비늘
세우고

지느러미
넓게 펴고

떡밥 냄새에 취해
춤추는 잉어들

꽃지 산책

능구렁이 황구렁이 백구렁이
용궁 지킴이 검은 용
모두 올라와 꿈틀꿈틀
비틀어 대고
백마는 흰 목털을 세우고 그 위를 달린다

바다 빛이 변했다
바다에 섰다
어떤 기적이라도 일어날 듯
온몸을 흔들며 소리친다
귓바퀴에 부딪쳐
소용돌이치는 파도소리

바다는 어둠을 내려
얼굴 가리고 소리칠 때
바다를 뒤로한다
방포항 바다소리는 전깃줄에서

딴뚝길 따라
나뭇가지에서 풀숲에서

갖가지 뭇소리를 창조해내고
아직 귓가에는
어머니의 무덤에서 돌아올 때
들렸던 그 소리 쟁쟁하다

태안 차부

모항 안흥 소원리
몽산포 연포 만리포
달산 안면도 영목

비린내 풍기는
낯선 행선판들
건어물처럼 매달려 흔들린다

머리에 고무다라
팔 안에 작은 보따리
막차에 몸을 싣는 아낙네들

태안 차부는
일 년 내내
시화전 중이다

낭패

플라스틱 바구니
밑바닥에 던져진 조가비
기름 냄새에 목을 빼고
구역질한다

어서 밀물 때가 오라고
등을 비비적거리지만
바다는 더 독하게
소리치고 있다

밀물이 몰고 온 파도는
플라스틱 바구니를 엎어 띄우고
조가비는 모래 바닥에
돌처럼 누워 혀를 내민다

안면도 행 버스 안에서

아내의 모습
문간에 두고
떠났는데

임의 미소는
아직도 사라지지 않고
여기까지 따라와 있다

창밖 지나치는
초가집 싸리문에서
피어나고 있다

임의 손끝에서 풀려나는 아쉬움이
여기까지 따라와
외줄기 선을 긋고 있다

눈을 감으니
겹쳐지는 잔상들이
한 장씩 날아간다

고개를 뒤로하니
황토길 붉은 먼지만 소용돌이치고
자동차는 덜컹덜컹 굴러가고 있다

안면도

병아리는
아비를 모르고
엄마만 알고

머슴은
아내를 버리고
주인만 알고

불 꺼진
천장에
한숨을 올리고

아내가 시쳐준
이불을 덮고
알몸으로 눕는다

오월의 밤

엄마 품 아기는
밤이 무서워
칭얼대고

개구리
턱이 닳도록
밤을 갉아댄다

그믐 밤 파도소리
바다가 뒤집히도록
무릎을 꿇는다

하늘나라

어느 날
집엘 다니러 왔습니다

세 살배기
아애는 말문이 터졌습니다

아빠 안면도 왔어 아이스크림 안면도 사왔어
기차 총 안면도 안면도 띠띠빵빵 물 안면도 버스
택시타고 갔다 꽃 안면도 돌 안면도 아빠 아빠 안면도
과자 안면도 저기 하부지 술 할미옷 사줬어 꼬까 안면도

아애를
얼싸안고
네 방구석을 돕니다

아빠가
하루를
머물고 떠날 때

언짢은 안색
낮은 억양

아빠 안녕 안면도 시계사와 책 옷 연필 아빠 아빠
기차 트럭 사와 아이스 아빠 택시 안녕 빠이빠이

필경
아애는
안면도가
하늘나라입니다

안면송 I

안면해송
늙어도 푸르고
파도가 뱉은,
하얀 소리
짠 바람에
실어 마십니다

달뜨는 밤
노래를 하고
별뜨는 밤
시를 주고받고
캄캄한 밤
밀어를 나눕니다

산책

비 오는 날
정원의 나무들
사이에서 맴돕니다

무화과나무
잎사귀 뒤에서
얼굴 보일 듯합니다

빗방울 사이
사이로
달려옵니다

빗물에 마음 젖고
빗소리에
가슴 두들겨 맞으며

불면증

밤
파도소리
젖떼기 울음소리

밤
바람소리
젖먹이 보채는 소리

밤
비둘기 소리
아기 달래는 소리

밤
어둠의 장막
가슴 앓는 안면도

안면송 II

아랫도리
땅에 묻고
머리만 흔드는
소나무

분만대 위
두 주먹 쥐고
울어대는
산모

춘난

솔 그늘아래
백설 덮고 겨울삼동

수수한 꽃대 끝
수줍은 보춘화

누나 얼굴
보조개로 피는 날
뻐꾸기 소리에
꽃을 피우고

꾀꼬리 소리에
향기 날리네

무화과

먹구름 하늘 덮고 하늘이 갈라지면서
벼락이 등에 떨어지고
그때 내 등 갈라지는 소리
천둥처럼 그렇게 컸던 것입니다

그 이후 귀머거리 되어 모르지만
다시 그런 소리 없을 겁니다
그 이후 봉사되어 모르지만
다시 그런 날 없을 겁입니다

팔 다리 마들겡이 마다
꽃 없이 여는 열매
얼굴 가려주는 잎이 있어 다행이지만
겨울이면 너무 춥습니다

바다 나그네

마음이 슬플 때 바다에 나서면
더 슬퍼져요
바다만 바라보다가
파도 속을 구르는 자갈 구르는 소리 듣다가
내가 그 속에서 구르고 있다는 걸 알고

피식 혼자 웃으며
바다를 뒤로 두고 돌아오지요
하루가 지나면
먼데서 파도소리가 나를 또 불러요

비가와도 나가죠
아니 나가면 밤에 잠 못 자게
바다가 울어댈 거를 알기 때문에
비 오는 바다는 사람 없어 좋아요
바다와 파도와 비 그리고 나
파도소리와 바람소리 빗소리 울음소리

바다는 나의 울음소리를 듣지 못해요
빗소리가 그런 줄 알아요

바다는 나의 눈물을 보지 못해요
빗물인 줄 알아요

엉엉 아이처럼 울다가
앙앙 늑대처럼 울다가
무모한 생각에 빠져 허우적거리는
하늘과 바다 사이에 끼어 신음하는
자신을 발견하면

비가 그치고
눈물이 마르고
파도가 가라앉고
노을 속 태양이 무지개를 거두면
바다를 등지고 떠나는 바다 나그네

추야

1

가을밤
깊은 밤에
슬피 우는 풀벌레야

오늘밤
그쳤다가
내일 밤에 다시 울고

성큼성큼
뛰어나와
얼굴이나 보여 다오

2

달빛으론
비단 짜고
별빛으로 수를 놓아

솔가지 끝
올라가

구름타고 찾아가서

우리 님
머리맡에
살포시 놓아다오

3
자주색 과꽃은
별빛이
내리고

남자색 과꽃은
달빛이
내리니

누나 치마저고리
꽃빛 만
배이누나

수련

하얀 뭉게구름 속
깊이 세월을 묻고

수련 잎 어우러져
물결을 재우니

눈꽃처럼 하얀 꽃
은하수로다

태공은 빈 바구니에
구름을 건지고

호수는 에델바이스
꽃을 피우네

제2부

길을 걷다가

두리번거리다가
길을 잃고
시간도 모른 채
넋을 잃고
주저앉아

서시

아침은
여명의 어둠에도
별빛 담은 이슬 내리고

아침은
잠든 생명의 영혼에
은하를 잉태시키고

새벽 숲속에서
퍼덕이는
멧새의 기지개

아침
새 빛
침실에 들어

일으켜
안아주는
어머니

봄 길

봄이 오면
그리운 고향 길
둥굴쇠 굴리며
달리던 신작로

머리에 보자기 쓰고
옷소매로 콧물 훔치며
씀바귀, 나싱개, 국수딩이, 꽃다지 뜯던
논두렁 길
밭두렁 길

아지랭이 피어오르는
뒷동산 금잔디
할미꽃 수줍게 피어오르면
입술 퍼렇게 진달래 꽃물 들이던 산 길

검정 고무신 신고
소 몰고 누비던 둑길
강아지와 달음질치던
논두렁 길

푸른 하늘
종달이 소리 따라
하늘바라기 되어
뽀얀 자갈밭에 눕는다

봄비

봄비 부슬부슬
숲을 깨우고
대지 촉촉이 적시는 날
유성장 노전 서성거리다

상추씨 한 봉지 사들고
하신리 비탈밭에 엎드려
흙향에 취하는
봄의 퍼포먼스

촉촉한 봄 날
잎눈 꽃눈 트고
촉촉한 땅에서
새 촉 트는 날

가슴 울렁임
여인의 입덧
개구리가 뛰어나와
첫울음 운다

진달래꽃

연초록 신록의 열렬한 사랑과
빼꾸기의 애절한 부름과
골짜기 지졸 지졸 생명의 소리가 있어
엄마가 쪽진 머리로 보리밭 매던 모습처럼
간직하고 싶은지도 모릅니다

할머니 무덤가에 질펀하게 피어
먼 영혼의 음률을 깨우고
그리로 부터 햇살타고 올라 퍼지는
하늘 바다의 봄빛이여

더 이상 사월의 강에
꽃대궁을 꺾어 던지거나
꽃잎을 뜯어 띄우는 초동의 무심한 행위로
진달래를 슬프게 하지마소서

형상을 달리하고
색을 달리하여 피고 지는 숲에는
애초부터 어떤 의미를 지닌 소리도 없었으며
오로지 색을 바꾸어 거듭나는
생명의 축제만 있었으니
잔인한 사월이라는 누명을 걷어주소서

바닷가에서

내 가슴이 바닷가 모래밭에
뿌리 내리고 서 있는
바위라도 나는 좋아요

풍랑으로 내 가슴을 쳐도
파도로 내 가슴 어루만져도
해일로 온통 나를 흔들어도
나는 그 자리에 꼼짝 않고 서서
당신의 그 사랑을 받아들일게요

당신이 바위가 되어
그 자리에 서고
내가 바다가 되어
그대를 안고 있다 해도 나는 좋아요

그대를 내 품에 안고
깨지지 않을 정도로 안아주고 싶고
두 손으로 온 몸 젖도록
물 뿌려주고 싶어요

하여튼 존재하는 한
슬프지 않도록
짓궂은 장난으로
그대를 간질이고 싶어요

난 그대를 볼 수 없고
목소리 들을 수 없어 그립지만
그래도 그대의 영혼 속
들고 날 수 있어 오늘이 행복해요

자벌레

살아 있다는 증거를 남기기 위한
몸짓으로 버둥거리는 모습이
초록 잎사귀 위 기어 다니는
자벌레를 부러워합니다

스스로는 나비가 되고 싶다는
욕심으로 버둥거리지만
자벌레는 자신이 나비가 된다는 사실을
모르고 있을 겁니다

사랑하는 것도 죄가 되는 것을 알면서
사랑 노래를 부르는 것은 또 무엇입니까
별을 사랑하여 그대로 두듯이
태양을 사랑하여 그대로 바라보듯이
바다와 산을 사랑하여 두고 오듯이
사랑하는 모든 것을 혼자이게 하겠습니다

하루살이

지금부터 하루살이로 하루만 살라하면
뇌리에 저장된 기억할 수 있는 모든 것
모두 지워버리리라

지금부터 하루살이로 하루만 살라하면
입으로 말할 수 있는 언어의 코드를
몸짓으로 바꾸리라

지금부터 하루살이로 하루만 살라하면
그 누구 찾아 이별 인사 하지 않고
알몸으로 춤을 추리라

지금부터 하루살이로 하루만 살라하면
함께한 무리들과 부딪침 없이
신나고 아름다운 몸짓으로 사라지리라

행복론

순간이 기쁘고
삶이 즐거우면
행복하다고 누가 말했나?

개인 날과 흐린 날이 반반이고
밤과 낮이 반반이니
괴로움도 슬픔도 반반인 것을

괴로움도 행복이 되고
슬픔도 행복이 되는 것은
기쁨과 즐거움 따라오기 때문이네

그렇다고 행복과 불행
늘 교차하여 온다고 온전히 믿는다면
늘 불행의 늪에서 벗어나지 못한다네

보리수

싯타르타
석가모니는
보리수 아래에서
우주동화 하셨다는데

보리수는 가지마다 잎을 돋우고
허공에 내린 뿌리 땅 닿으면
기둥으로 삼아 서서
새 기운으로 세상을 덮어가네

보리수는 가지에서 기둥 내려
다기둥 나무로 영원한 삶 살지만
인간은 자식 낳고 깨달음은 모른 채
사라지는 가엾은 존재

육신 사라진다고
진화를 게을리 하는 불쌍한 존재
영혼을 영원히 간직할 수 있다는
미신을 믿지 못하여 불쌍한 짐승

민들레 엄마

노란 꽃 피워 놓고
하루 동안 햇살로
모성을 잉태하고

꽃받침 오므려
어린 씨 품었다가
가슴 열어 꽃씨 피우니

낙하산을 펴들고
엄마가 몸을 흔들면
춤을 추며 날아가네

동해를 바라보며

화진포 명파리 지나 통일전망대에 서면
6.25 때 우리 아버지가 쏜 엠원소총
화약 냄새 나는 것 같다

명사십리 백사장을
쓰러지며 구르며 아까부 소총버리고
소리치며 달려오는 것 같다

금강산 봉우리
그림 같은 환상으로 보이고
해금강 파도소리
환청으로 들리어

바다는 하나로 철썩이고
하늘 바람은 하나로 부는데
오가지 못하는 사막 같은 휴전선
하늘 바라보기 염치없고
해 바라보기 부끄럽네

때

시간이 때이며
시간 머문 자리에 때가 낀다

금은보화도 때 끼면
빛나지 않으니

늘 때 벗기어
때를 0시로 맞추는 것이
깨어있음이다

목화 꽃

눈 지그시 감고
처다 만 보아도
얼굴 붉어지는 임의 얼굴

손으로 얼굴 가리고
손 그늘 끝으로
해 바라보는 새아씨

바람결에도
헤어질 것 같은
가녀린 꽃이파리

평생 소리 없이 웃다가
솜구름 한 뭉치 매달아 놓고
떠나는 자비여

청남대 까치소리

청남대 문 열리어 사람은 모이는데
대통령 간데없고 까치만 울고 있네
구름이 쉬었다 가며 새 그림을 그리네

백성의 원이라고 온 소리 다 듣다간
사람마다 울어대어 누군들 달랠 수 있나
제 몸이 대통령이라며 제 몸을 못 가누네

입으로 못할 소리 몸으로 할 수 있고
맘으로 안 되는 일 생각으로 할 수 있건만
제 몸은 어디에 두고 먹여 입혀 달라하나

숲속에서

낙엽 아래 지렁이
이리저리 꿈틀꿈틀
굼벵이 잠자다가
매미꿈에 깨어나고
양지쪽 흙비탈에서
개미역사 바쁘네

축축한 땅에서는
땅강아지 흙 일구고
참나무 등걸에서
왕벌들 우는소리
꼭대기 산까치 노래
파란 하늘 열리네

잎새들 합장하고
햇살을 잉태하니
태양이 미소짓고
하늘 더 푸르러라
보는 이 하나 없어도
신비로운 향연이네

그대 가는 길에

그대 가는 길가에
맑고 청량한 코스모스
심어드리고 싶어요

그대 가는 길가에
하얀 구절초 꽃 피워
마시는 공기 향기롭게
해주고 싶어요

그대 가는 길바닥에
가는 여정 정성다해
그려드리고 싶어요

한참을 가다가
다시 길바닥에
가슴 활짝 열어젖히고
밝은 마음으로
신나게 걸어가는 이야기
써주고 싶어요

그대 가시는 길
띄엄띄엄
그대 사랑하는 노래
적어놓고 싶어요

얼마큼 더 가다가
길바닥에
손가락으로
그대 영혼 맑게 하는
소리를 그어놓고 싶어요

이라크에서의 울부짖음

– 고 김선일* 님의 명복을 빌며

유월 21일 이른 아침
한국의 젊은이 김선일이
우리를 울렸습니다

텔레비전에서 울부짖으며
지구상에 존재하는
인간의 머리를 쳤습니다

세 명의 무장 이라크인 앞에서
무서운 알 카에다 사람들 앞에서
그는 울부짖었습니다

한국군인들 여기서 나가세요!
여기서!
나는 죽고 싶지 않아요
난 죽고 싶지 않다고요
나는 살고 싶어요!

당신의 생명이 중요하지요
내 생명도 중요하단 말이예요

지금도 지구상에서 나는 소리입니다

누구나 폭력 아래에서
살고 싶지 않습니다!

우리는 전쟁과 테러를 반대합니다!
평화로운 세상에서
우리는 살고 싶습니다!

* 민간인 김선일은 2004년 6월 22일 이라크 바그다드에서 이라크 반군에 의해 피랍되어 참수되었다.

평화를 빕니다

수 만년을 이어온 우리 인류의 발상지 메소포타미아를 지키던
알라의 후손은 무슨 죄로 그들의 머리 위에서 포탄이 터지고
그들의 가슴팍에 총알이 박히는가
땅속 깊은데서 검은 기름 뽑아 올려
밤 밝히고 밥 지어 먹으라 했더니
총알 만들고 폭약 만들어 바그다드에 쏟아 붓고
어느 나라 어느 땅에도 조기는 걸리지 않고
빈소 만들어 조문하는 사람 없는 세상
이 세상을 더 살아야할 사람이라고 자처하며
밥을 떠 넣기가 부끄러워 눈물이 앞을 가리네

알라신이여!
이 우주에 그대가 계시다면
더 이상 이 몸을 사람으로 존재하게 하지 마시고
차라리 짐승으로 바꾸어 주소서
옷가지를 벗기고 온 몸에 검은 털이 나도록 해 주소서
그리하여 숲이나 동굴로 내쫓아 주소서

킬리만자로의 호랑이가 아니어도 좋고
인간을 닮은 고릴라나 원숭이는 절대로 원치 않으오니

차라리 몸에서 비늘을 돋게 하여 강물에 던져 주소서
워낙 지은 죄가 커 물에서도 살 수 없으면
한 마리 새가 되게 해 주소서
아주 대단한 새가 되게 해 주소서
생식력이 좋아 자식 많이 둘 수 있는 새
그리하여 전차의 포구를 막고
총구를 떠난 총탄을 받아먹고 살 수 있는 새

알라여!
산천초목을 바라볼 염치가 없으며
하늘을 바라볼 수 없으며
아내의 얼굴마저 마주치기 부끄러우니
이 몸을
아마존의 물고기로 만드시던지
아프리카 숲의 짐승으로 환생시켜주소서
눈물로 기도하옵나이다

강물

강물은 묵음으로 흘러도
물고기 비늘 하나 건드리지 않고
거꾸로 내려진 산 그림 하늘 그림
그대로 두고 흘러가네

천년을 흘러 온 저 강물
바다가 되고 하늘이 되어
다시 강물로 몇 번이나
윤회의 주기를 돌았을까

작은 물 알갱이가 될 때까지
흐르고 흐르다가 다시 돌아 온 강가에
버드나무 숲은 새 식구 더 불리고
물오리는 떼 지어 자맥질이 바쁘구나

겨드랑이 간질이는 산바람
사타구니 휘돌아가는 강바람
다시 내 몸을 스쳐지나갈 날 언제일까
저만치 영상 없이 다가오는 강바람이 반갑구나

지구

지구라는 땅덩이에 붙어사는
나무와 물과 바위덩이가 지구이고
지구 하늘을 떠나지 못하는 구름이 지구이고
날아다니는 새가 지구라면 그가 날으는 하늘도 지구이다.
땅바닥을 기어 다니는 벌레가 지구이니
그 위를 뛰어다니는 짐승이 지구이고
유독 제 이름을 사람이라 지어 부르는
인간도 지구다

지구가 무엇인지를 몰라
제 몸에 오줌 싸고 똥 싸는 인간들
언제나 오줌똥 가릴 날 올런지
불쌍하기 그지없네

사랑 있는 곳에

사랑에 맛이 있다면
단맛도 쓴맛도 아닌
물맛일 거예요
먹어도 먹어도
질리지 않아야 하니까요

사랑에 향기가 있다면
라일락 향도 아카시아 향도 아닌
바람향일 거예요
쉽게 취하지 않고
오래오래 맡을 수 있어야 하니까요

사랑에 색이 있다면
핑크빛도 아니고 장미빛도 아닌
하늘빛일 거예요
파란 하늘 흰구름 비구름
무지개 만드는 하늘빛 말이예요

글씨

하얀 화선지 위에
묵향 진하게
번지는 글씨

한 획에 한 획
보탤 때마다
커가는 소리

한 글자 한 글자
더할 때마다
살아나는 생각

한 줄 한 줄
이을 때마다
흐르는 마음

글도
씨가 되어
글씨라 했던가

질경이 풀

어쩌다가
길바닥으로 내쫓겨나
생채기 아물 날 없는
삶을 사나

애기발 종종걸음에 눌려
바짝 엎드려 눕고
오가는 길손 발자국에
구겨진 잎사귀

어줍잖게
피어나는 꽃대궁
꽃은 피는 둥 마는 둥
표시 없이 피워 지우고
다닥다닥 씨 자루
길게 늘여 놓은 것이

아들 자식 다섯 두고
마음 편할 날 없어

밤잠 설치는 엄니 가슴
질경이 잎사귀처럼
구멍만 뚫려있네

사부곡

아버님 가신지
아홉 달이 되어
음력 유월 초하루가 되었다

어머니는
조석으로 상식을 올리고
초하루 보름으로 삭망차례를 준비하시며
남편을 그리워하며
남겨놓고 가신 일에 매달려 사신다

삭망일 아침에는
온갖 제물 챙겨놓고
다섯 형제 삼베중단 입고
다섯 며느리 소복하고 엎드리면
어머니는 뒤뜰로 나가신다

자식들 곡소리 들으며
정구지밭 고랑에서
상추밭 고랑에서
소리 없는 눈물 쏟으시다

자식들 곡소리 그치면
발간 눈두덩 비비며 들어오신다

자식들 앞에서
눈물 보이지 않으시는 어머니 가슴 안에
무슨 생각 뜨고 지나?
"재들좀잘살게혀봐유—"

당신은 지금도 우리 곁에

– 부모님 영전에

임의 육신은 물이 되어
온 생명 지키고

임의 따듯한 체온은 햇살 되어
다른 생명의 체온 높여주고

임의 호흡은 바람이 되어
우주의 숨결로 살아계십니다

임의 형상은 사라졌어도
자연의 얼굴로
산에 들에 하늘에 살아계십니다

임의 영혼은 무형으로 누리에 퍼져 있어
언제나 임을 가까이 모실 수 있고

어디서나 임의 목소리 들으며
임의 뜻 받들어 살아가렵니다

저희 죄인을 용서하시고
아름다운 세상에서
편히 잠드소서!

제3부

하늘을 우러러

해가 그린
자화상
발바닥에 밟힌
그림자

그리움

산 위에서
바라보는
고향 하늘

바다에서
서 있으면
임의 노래

텅 빈 가슴 속
산바람에
마음 시리우고

갯바람에
마음
저리네

소나기

소나기 장대같이 쏟아지면
두꺼비처럼
좋아요

갠 하늘 햇빛 쏟아지면
고추잠자리처럼
좋아요

눈 펑펑 쏟아지면
삽살개처럼
좋아요

달빛이 하얗게 쏟아지면
소녀처럼
좋아요

만나지 않아도
영원히 만나지지
않아도

노을 속 태양
밤새 사모하며
아침을 기다리겠어요

날마다
당신을 만나
좋아요

여로

요람의 세월은
엄마 품에서
잠들고

동심의 세월은
열손가락을 폈다가
오므리고

청년의 세월은
무릎이 가슴팍을
칩니다

장년의 세월은
벽걸이 달력처럼
흔들거리다가

노년의 시간은
벽시계 초침소리
째깍 째깍 째깍

지난 세월은
엊그제 같은데

남은 세월은
얼마일까

사루비아

비 오는 날
초롱꽃에 옥수를 담고

창가에 피어나는
붉은 눈물

구월 햇살 따갑던 날
꽃방망이 흔들어

가슴 불태우는
샐비어의 몸짓

나목

발가벗고
달리고 싶다
갈바람 속으로

발가벗고
뒹굴고 싶다
갈햇살 깔린
들판에서

발가벗고
노래하고 싶다
푸른 하늘 위로

발가벗고
서 있고 싶다
바다위에서

오래오래
발가벗고
살고 싶다

외갓집 가는 길

신도안 금암리 냇둑
외딴 오두막에서
부엉부 상원 괴목정을 지나
밀목재 넘어 사기소 지나
박정자까지 아장아장 걸었다

외갓집
가는 길 따라
금강물이 같이 흐르고
엄마의 유년이 살고 있다

발목 닿는
강가 솔 그늘 아래
엄마 명주이불
푸른빛 찰랑대고

청벽 나루
얼음장 아래
검은 금강물빛이
아버지 광목이불 빛이다

얼음길 반질한
신작로를 따라
목골 가나무징이 돌아들어
중동골 꼭대기 양지바른 궁벽에 닿는다

오막살이 집 한 채

자장자장 자장자장
우리 아기 얼둥 애기
울지 말고 잘자거라

큰댁 가신 우리 엄마
애 우는 줄 모르시고
어찌하여 아니 오시나

자장자장 자장자장
우리 아기 얼둥 애기
그만 울고 잠 자거라

지금쯤은 떠났을까
싸리문을 나오실까
어서 빨리 오십시요

하나 둘 셋—넷—
다섯 여섯 일곱 여덟 …
아흔 아홉 백

자장자장 자장자장
산모롱이 지나서
고갯길 오르신다

일흔하나 일흔
예순아홉 예순여덟
돌다리를 건너신다

자장자장 자장자장
등잔불도 희미한
오막살이 집 한 채

엄부

아버지 목소리는 천둥소리
천둥치는 날 밤
잠들기 전부터 가위 눌려
소리 없는 생각 이불 속에서
고양이처럼 앓는 밤

아버지 눈빛은 번갯빛
말이 없으셔도 마주치면
혼 달아나는 위엄
눈 감고 이불 뒤집어써도
새어 들어오는 번갯빛

귀청 터지는 천둥소리에도
석류 알은 영글어 껍질 터치며
속 살 수줍게 드러내며
웃음 짓는 맑은 미소

번갯불에 앞 못 보는 달달 봉사되었어도
이마 속 펼쳐지는 파노라마

천국이어라
하늘이어라

들을 것도 없는 소리에 귀 기울이고
볼 것도 없는 세상 두리번거리며
넋 잃은 오늘을 미리 보셨던
아버지
나의 아버지

부뚜막 경

어렸을 적 울 엄니
아궁이에 불 피우라 하시고
반찬거리 준비하시며
부뚜막에서 하시던 말씀

공부햐, 이누마!
느 애비 손모가지에 붙잡혔다간
평생 지개목발여!
언능 밥 먹고 핵교로 내빼여

지금은 찾아가면
비닐봉지에 깻잎 장아찌 한 봉지
참기름 한 병
요것조것 챙겨 주시며 하시는 말씀

차 조심해라,
잘못하면 큰일 난다
글구 니 동생 잘 봐야 혀
그 거시 어떻게 혼자 살아 가것냐

그날 밤은
캄캄한 천정에
형제들 모두 불러놓고
하고 싶었던 얘기 모두하고

집집마다 찾아가며
사는 모습 그리다가
꿈속까지 이어져
밤새 산 넘고 물 건너 헤맸다

광대가 부르는 노래

침 흘리고 헛소리한다
눈알 세우다 넘어지고 땅을 찬다
사지는 흐물거리고
무르팍 나사가 빠졌다
웃다 울고 노래아닌 소릴 지른다
허공에 뱉은 가래침 이마에 붙고
오른발로 왼발을 차고
왼발로는 오른발 정강이를 찬다
오장육부를 발끈 뒤집어 놓고
모두 모두 사방팔방 토해 나온다
가슴 속 응어리
이마 속 의식의 재
뼛속 모래알이
모든 구멍으로 터져 나온다
이제 하늘을 볼 염치가 마르고
초목을 바라볼 시력을 잃고
비웃음 속 멸시와 쓰레기같이
내던지는 동정의 소리를
들을 귀때기도 오그라들었다
조각조각 갈라진 얼굴을

간질이는 그림자를 감추지
못하고 천장만 바라보며
하늘 꺼지는 한숨만 쉰다
광복절 특사로 출옥하는 죄수처럼
희미한 방향을 응시하며
허벅지를 집어 뜯고
이빨을 응등그려 문다
어떤 의지의 빛을 담은 눈을 뜬다
척추를 세워 어깨를 펴본다
달이 떴다

어머니 품

다듬이 소리
하얗게 배인
무명적삼 속

하얀 살
내밀어
몸을 내어주시던 어머니

처음 울던 날
어머니도 같이
우셨지요

눈물 없는 두 얼굴
소리만 합하여
세상을 열고

어머니 품에서
떠나온 바람이
따듯합니다

백치

달구지 자갈밭 가듯
하루가 아스락 거린다
자갈밭 손수레 밀리듯
육신이 밀린다

별빛을 잃어 은하를 모르는
정의를 잃어
불의를 모르는
사니에 멈춘 수레

병의 휘오리
패의 무덤
조각비닐 소리친다

된서리 녹듯
녹는 정
얼음장 꺼지듯
꺼지는 의

너
나는
백치

악몽

큰일 났습니다
목쉰 소리
입술을
열지 못하고

큰일 났습니다
가슴이 열리었는데
손가락이
말을 안 듣고

하여튼
이건 큰일입니다
검은 마귀가
이마에서 춤을 추는데
눈 뚜껑이 열리지 않고

거머리는
복사뼈 밑
혈관 속
머리를 박고

세상은
흙탕물 속에서
곤두박질하고

어둠속에서
강물만이
번개를 삼켜
빛을 내고 있습니다

제 3지대

미꾸라지, 기름챙이
피라미, 붕어, 메기
뱀장어, 자라
같이 만날 수 없는 것들이
바구니에서 퍼덕이며
거품을 낸다

미루나무가지를
흔드는 강바람
칼날 같은 소리

하얀 벽에
하얀 형광불이 부딪혀 떨어지고
검은 철창 사이로
시선이 빠지고

어머님의 젖은 목소리가
천장에서 내린다
아버님의 낮은 목소리가
방바닥에 깔렸다

가늘게 들린다
흙에서 뽑아 낸
하얀 들꽃의 얘기

감사하다
하늘에서 내린
하얀 서릿발의 기운

묘역

내
눈을 감고 죽지는 못했지만
부러운 건 없어요

내
비록 밭두렁 논두렁 만
뱅뱅 돌다 여기 와 누웠지만
부러운 건 없어요

내
차갑게 살다가
가장 추운 날 여기 와 누웠지만
부러운 건 없어요

양지 언덕
홀로 누운 자 보다
이야기 벗이 많으니까요

우리의 이름이
사라졌을지 모르지만

우리의 얘기는 살아 있으니까요

찾아주는 사람 없어도
외롭지 않아요
꾀꼬리가 노래하고
부엉이가 지켜주니까요

일곱 빛 원삼보다
내 백골이 더 희니까요
대리석 위 제물은
죽은 자보다 산자를 위함이니까요

부자의 묘지에선
독수리와 까마귀가 울지만
여기 뻐꾸기 노래 소리
모두가 좋아하는 노래니까요

봉분이 크다고 부러운 건 없어요
둥근 봉분을 안고 누운 자나

여기 민둥한 잔디밭이나
백골만 남아 있으니까요

검은 비석에 눌려있지 않고
우리 덮고 있는 금잔디 이불 위에
태양이 따뜻하고
그 아래 아직 열기가
남아 있으니까요

도시의 바람

빌딩가에서 이마를 다쳐
떨어지다가 전깃줄에 걸려
온몸이 반으로 쪼개진 채
찢어진 가지에 피 흘리며
골목길에서 머리채 잡히고
전파사 레코드 가게에서
쏟아지는 소리를 만나 싸움을 한다

싸우다 지쳐 땅속으로 들어가다
지하실 계단에서
디스코귀신한테 덜미 잡히고
도망치다가 여인네들 부츠에 채이고
머슴아들 구두 코빼기에 미끄러져
아스팔트에 이빨을 갈고
가로등 불빛에 분신이 되는 도시의 바람

소주

한 잔 술이면
얼굴 환해지고
주고받는 친구 있으면
안주가 보잘것없어도 괜찮다

소주 한 병 비우면
가슴 속 응어리 가시고
세 병 쯤은 비워야
세상 걱정 사라진다

저녁 내 주고받은
이야기마저 사라지고
마지막 잔을 나누어 들고
소우주에 갇혀있다

누님의 가을

나무 꼭대기 홍시 붉히는
까치 울음으로 동이 트고

동창 밖 툇마루
젖은 머리 빗어 내리는 누님

서리마당 수북한 잎새마다
햇살이 쪼그리고

새끼손톱 봉숭아빛 사랑
그믐달로 지네

김상영 피아노 독주회

하늘 소리 내려
세상사람 영혼 깨워
자기 일상에서
즐거움 일구는 삶을 돕기 위한
한 소녀의 선율 잔치

신의 손길 같은
물결 같은 너울거림으로
하늘소리
땅 소리 내어
우주 공간을 조심스레 비집는 시간

그대의 아름다운 혼
퍼지는 공간마다
귀가 열리고
눈이 열리고
가슴 열리어
소리 없음으로 통하는 만남
얼굴 가득 미소뿐

가로등이 웃고
별도 웃고
달도 웃으니
하늘이 밝네

낙엽을 바라보며

어린 소년 시절
노란 은행잎
엄지 검지로 집어 들고
뱅뱅 돌리며 뛰어다니던
이마 속 동영상
보는 듯 즐겁네

애기 손바닥 같은
단풍잎 주워 들고
좋아라
함박웃음
그칠 줄 몰랐는데

책갈피 마다 묻어놓고
크리스마스 기다려
좋아하는 친구에게
단풍잎 은행잎 카드 보내려고
설레던 유년의 가을이었는데

오늘
내가 보는 단풍은
내 나이만큼 무겁게
떨어지는구나

빨간 잎은
허무한 울음소리로
노란 잎은
허탈한 웃음으로

꽃씨

까만 꽃씨 속에는
꽃이 들어 있고
그 열매가 들어 있고

하늘이 살며
바람이 살며
은하 같은 꿈이 사는 곳

까만 눈동자에
내 얼굴이 비치고
내 마음이 비치고

아이들 이마 속에
새 세상이 자라고
새 꿈이 자라네

말씀

꽃들은 웃으라하고
나무들은 그대로 서있으라 하네

산은 말 없으라 하고
햇살은 발가벗고 알몸으로 살라 하네

새소리
물소리
바람소리
듣기만 하라네

만나는 것마다
나 없애라 하네

바람에 섞여
빛살에 실어
물소리 새소리에 테워
없애라 하네

아침소리

장닭 울음소리
새벽 별빛 흔들고

할아버지
담뱃대 무쇠 화로 두드리는 소리로
어둠 밀어내고

눈 뜨면
천정 대들보
세재만사대형통歲在萬事大亨通

할아버지 큰 기침 소리따라
부엌문 여는 소리
싸립문 여는 소리
햇살 쏟아지는 소리
참새들 합창소리

어제와 다른
오늘을 여는
우리 집 아침 소리

오두막

청개구리는
엄마를 강가에 묻어놓고
비만 오면 운다더니

울 아부지 울 엄마는
집을 강둑에 지어놓고
강물 붉어지면 보따리를 쌌고

강변 모래밭에
녹두 땅콩 심어 놓고
강물이 쓸어 가면 아이처럼 울었다

그래도 물 맑아지면
낚싯대 메고 강변 나가
엄마 미소 들어 올렸다.

길

마음 일으키지 않아
보아도 봄이 없고
들어도 들음이 없고
느껴도 느낌이 없는 세상

마음 쓰지 않아
함이 없고
위함이 없고
씀이 없는 생활

마음 없어
움직여도 움직임이 없고
머물어도 머무름이 없고
시작도 끝도 없고

아무 것도 없는 빈자리
자리 자체도 없는
그 자리 찾아가는
길

사랑이 죄가 될까봐

사랑이 죄가 될까봐
사랑한다는 말조차 못하고
벙어리 냉가슴 앓듯
살아야 하나

세상엔 사랑할 사람이 너무 많아
사랑한다는 말도 못하고
살아야 하는 것이
슬프구나

사랑한다는 말을 못해도
마음 알아줄 사람이 있어
그대 가까이 두고도
그리워만 하는 내가 싫어

그래도 그대를 사랑할 거야
그만큼 떨어져 그리워하는 것이
사랑이야 너무 슬퍼하지는 마
그래도 그대가 있어 오늘이 행복해

대한민국

2002년 5월 31일
대한민국 서울 한강변 상암 경기장
함께 한 16개국 월드컵 축구 선수들
세계인의 눈과 귀가 모아진 가운데

대한민국의 소리
대한민국의 빛
대한민국인의 혼으로
하늘이 열리고 한강 물이 하늘로 솟았다

옛 고구려 기마민족의 북소리와 말발굽 소리
뒤섞인 정복의 함성으로
프랑스와 세네갈 1:0
첫 경기로 축제의 서막을 열었다

6월 4일 부산 경기장
대한민국 첫 경기
자갈치 아주머니들까지 모두 나와
이마에 'Be the reds!' 두건 두르고

가슴바닥에서 울려내는 함성
'대-한민국'
폴란드를 2:0으로 이긴 그 날부터
우리 강산은 술렁거리기 시작했다

6월 10일 대구 경기장
부산에서 태동한 16강의 기운이
낙동강 거슬러 달구벌을 데웠다
경주에서 신라의 화랑들이 모여들고
마산에서 가야의 옛 명장이 모여
영원한 우방 미국과의 한판 대결
친구와의 팽팽한 팔씨름같이 1:1무승부로
대한민국의 열기는 식지 않고
알불 담은 화로처럼 속으로 달아올랐다

16강을 결정짓는 최종경기
6월 14일 인천 경기장은 월드컵 성공
예언하듯 경향 각지에서 사람들 모두모여
포르투갈을 1:0으로 이겨
D조 수위로 16강 진출 확정지었다

그날 대전에서는 같은 시간에
미국과 폴란드전이 있었고
유리한 득점을 위해
한국은 폴란드를 응원했었다
미국 친구들 한국 사람들에게
서운하다고 실토했지만
후반전 인천 한국 승전보가 전해지자
미국 응원단은 지는 경기에서도
'USA KOREA!' 연호를 경기가 종료되고
돌아가는 길거리에서도 계속 외쳐댔다

6월 18일 대전 경기장
한국은 이탈리아를 맞아
8강 진입을 위한 힘을 쏟았다
계룡산 정기가 승하고
금강의 유유한 포옹
한밭인의 끊이지 않는 열광적 응원
2:1의 승리를 안겨주고
그날은 온 나라가 흥분 환희 희망으로 넘쳤다

이제 4강도 간다는 신념 속에
선수들은 최고의 인기를 얻어 이름이 빛나고
거스 히딩크 감독은 한국 축구 부흥 신화의 주역으로
누구도 부럽지 않은 명장의 자리에서
혈통도 잊어버리고
우리는 그와 한 형제가 되어 입맞춤하였다

온 국민의 열기가 광주로 내려간 날
6월 22일 광주 경기장
호남의 함성은 유난했다
임란의 저항 소리
6,10 만세 소리
광주 항쟁의 한소리
모두 합하여 달리는 건각들의 골수에
승리의 기를 불어넣었다

스페인과 연장전까지 가는 대접전 끝에
패널틱 킥을 차는 정중동의 순간까지 몰고 가
전원이 골킥을 성공시켜 5:3으로 4강에 이르자
광주에서 지른 소리가 전주에도 들리고

대전 서울 대구 부산 바다건너 제주도까지
동시에 부르는 오천만의 대한민국 소리는
독립만세 소리 보다 천배나 만배나 높았으니
지구촌이 들썩하였으며
우리 국민 속병이 다 낳았다

드디어 6월 25일 서울 상암 경기장
준결승 진출을 위한 독일전
한반도가 온통 붉게 물들고
할아버지도 절간의 승려들까지
주문을 대한민국으로 대신하여
노래 부르고 땅을 굴렀다

이것은 승리를 위한 열광이 아닌
우리가 대한민국에 태어난 자랑이었다
우리 대한민국의 역사를 이어온 보람의 소리였다
승리는 독일에 0:1으로 넘겼지만
우리는 그것으로 만족할 수 없어서
눈물 흘린 사람 아무도 없었다.

이제 영원한 우리의 우방 터키와의 3.4위전
6월 29일 달구벌 대구 경기장
다시 달구는 우리의 정서
승리에 대한 집착이 아닌 여기까지 달려온
대장정의 역사를 소중히 여겨
6.25때 사귄 터키와의 축제를 즐기며
승리는 손님에게 안겨주는
한국의 미덕까지를 보여주는 경기는
2:3으로 온 세계를 즐겁게 했다

2002 세계 월드컵
한국인의 축제
COREA를 모르는 세계인에게
COREA를 가르쳐 주던 날들
대한민국을 모르는 지구인에게
대-한민국을 외치게 했던 날들
세계를 향한 실크로드는
2002년 6월 한국의 하늘이 열리면서
세계 방방곡곡으로 이어졌다

이제
세계는 하나
한국의 실크로드로 이어지고
우리의 영혼이 합하는 인류의 역사가
지구의 동방에서 시작되었다
세계인이 한국으로 향하는 날이 이어지고
그들의 어깨가 자랑스럽게 펴지고
그들의 얼굴이 밝게 빛나고
그들의 목소리가 한국인의 다정함이 배인 소리로
세계인이 정을 나누는 그런 세상이
대한민국에서 이미 시작되었다

대-한민국은
대한민국 만세였다
그러나 우리는 끝까지 만세를 빼고

대-한 민국
세-계 평화
우-리 하나
서-로 서로

알–알이요
사–랑하자
우–리 모두
외치며 살리라.

평설

순례, 고독한 삶의 여정

안현심
시인, 문학평론가

1

삶은 순례의 여정이다. 여정의 형태가 서로 다를 뿐, 내 몫의 삶을 경건하고 높게 견지하기 위해 순례길 선상에 서 있는 것이 인간이다. 김명아 시인의 시적 공간이 젊은 시절부터 최근에 이르기까지 언급된다는 측면에서 '순례기'라는 시집명은 긍정적이라고 하겠다.

시집 『순례기』는 인생의 단면을 주목하고 있는 것이 아니라, 광범위하고 긴 여정을 구현하고 있다. 때로는 가슴 울컥거리는 젊음이 등장하기도 하고, 때로는 에움길을 돌아와 고즈넉한 여울목에 서 있기도 한다.

삶에는 찬란한 광채만 존재하지 않는다. 가슴 설레는 사랑의 시절이 있는가 하면; 부모자식으로서 책임이 무거웠던 시절도 있고, 질척거리는 진흙구렁을 건너야 할 때도 있었을 것이다. 이 모든 기쁨과 시련을 체화하여 진정한 '나'로 섰을 때 비로소 한 인간의 순례의 여정에 박수를 보낼 수 있겠다.

2

김명아 시인의 시 중에는 감각적 이미지가 두드러지면서 표현적 관점을 훌륭하게 소화해낸 작품이 많다. 그런 시는 대부분 짧은 형식을 지니고 있는데, 생명사랑 한 줄 시집 『영혼의 호숫가에 이는 바람』이 대표적이다.

김용재 평론가는 시집의 서평에서 "일상의 삶을 살면서 인생을 통찰하고 자연을 관조하고, 유무형의 모든 생명과 교감하는 순간, 떠오르는 생각을 놓치지 않고 글로 잡아둔다는 것이 기본적인 개념인 듯"하다고 언급한 바 있다.

그와 같은 경향은 이번 시집에서도 다수 눈에 띈다.

간밤에 귀뚜라미 쓰르라미
바다 위에 가느다란
선을 긋고 떠날 때

바다는 하얀 웃음 피우고
아침 햇살
입맞춤 하네

큰 소리 작은 소리로

백사장에 하얗게

태초의 소리를 뱉고 있네

—「바다 아침」 전문

이 작품은 3연으로 구성되었으며, 각 연은 3행으로써 매우 짧다. 하지만 짧은 만큼 설명적 요소가 배제됨으로써 선명한 이미지가 제시되고 있음을 알 수 있다.

제1연에서 귀뚜라미와 쓰르라미는 울음으로 존재의 유무를 알릴뿐인데, "바다 위에 가느다란 선을 긋고 떠났다"고 형상화하고 있다. 이러한 형상화는 그들이 울어대던 밤이 지나고 아침이 왔음을 표현한 것이다. 그런데 왜 선을 긋고 떠났다고 형상화했을까? 선을 긋는 행위는 눈으로 포착할 수 있는 시각적 이미지인바 시를 낯설게 하고, 긴장감 있게 표현하기 위한 기교라고 할 수 있겠다.

두 번째 연은 바다의 하얀 웃음도, 아침 햇살과 입맞춤하는 모습도 눈으로만이 인지할 수 있는 시각적 이미지이다.

세 번째 연에서는 청각적 이미지와 시각적 이미지가 뒤섞인 공감각적 이미지가 도입되고 있다.

"큰 소리 작은 소리"는 청각적 이미지의 형상화이며, "백사장에 하얗게"에서 '하얀 색'은 시각적 이미지이다. "태초의 소리를 뱉고 있네"에서 '소리'라는 청각적 이미지를 '뱉다'라는 시각적 이미지로 변모시킨 것이 바로 공감각적 이미지의 도입이다.

감각적 이미지를 도입했을 때 시는 오감을 자극하며 선명한 이미지를 띠게 된다.

이 작품을 해석해보면, 밤이 지나고 아침이 오니 큰 파도, 작은 파도가 백사장에 밀려오더라는 것이 주 내용이다. 이처럼 단순한 현상을 감각적 이미지를 도입함으로써 미적 언어형식을 창조해내는 것이 시의 기교인 것이다.

엄마 품 아기는/ 밤이 무서워/ 칭얼대고

개구리/ 턱이 닳도록/ 밤을 갉아댄다

그믐밤 파도소리/ 바다가 뒤집히도록/ 무릎을 꿇는다

–「오월의 밤」 전문

시 「오월의 밤」도 「바다 아침」의 기법과 유사한 맥락을 지닌다.

둘째 연에서 개구리가 시끄럽게 울어대는 현상을 "턱이 닳도록 갉아댄다"라고 공감각적 이미지를 차용하고 있기 때문이다. 또한 셋째 연의 "그믐밤 파도소리 바다가 뒤집히도록 무릎을 꿇는다" 역시 파도가 밀려와 부서지는 모습을 '무릎을 꿇는다'라고 형상화하고 있다.

이러한 형상화는 러시아 형식주의자들이 주장하던 '낯설게 하기' 기법과도 상통한다. '파도소리가 시끄럽다'는 것은 우리에게 익숙한 어법이지만, '파도소리가 무릎을 꿇는다'라는 표현은 어법에 맞지 않을 뿐 아니라 몹시 낯설기 때문이다.

표현론적 관점에서는 '일반적', '익숙함', '관념적', '일상적' 표현들을 배제한다. 이처럼 시가 언어의 미적 탐색을 옹호하는 한, 김명아 시인의 모색은 긍정적이라고 할 수 있겠다.

3

필자는 앞에서 한 개인의 삶을 순례의 여정이라고 언급하였다. 이때 순례는 삶의 공간적 이동을 의미하기도 하지만, 정신세계의 변모 과정까지 함의하고자 한다.

김명아 시인은 교직자로서 정년퇴임한 사람이다. 그러다보니 한 지역, 한 학교에서 붙박여 일할 수 없었을 것이다.

시집의 도입부에 상정되는 순례의 공간은 안면도이다. 아내와 어린 자식을 두고 먼 곳에서 홀로 지낸 시절의 안타까운 정황이 생생하게 묘사되고 있다.

아내의 모습
문간에 두고
떠났는데

임의 미소는
아직도 사라지지 않고
여기까지 따라와 있다

창밖 지나치는
초가집 싸리문에서
피어나고 있다

임의 손끝에서 풀려나는 아쉬움이
여기까지 따라와
외줄기 선을 긋고 있다

—「안면도 행 버스 안에서」 부분

이 작품은 어려운 장치 없이 읽히는 대로 해석하면 된다.

아내를 두고 멀리 떠나오지만 아쉬운 마음속에서는 잔상이 사라지지 않는다. 떠나올 때 보여주던 미소는 차창 밖으로 스치는 초가집 싸리문에서조차 피어난다. "임의 손끝에서 풀려나는 아쉬움이 여기까지 따라와 외줄기 선을 긋고 있다".

이 작품에서 가장 빛나는 부분은 '외줄기 선을 긋고 있다'라는 형상화이다. 이 부분을 자세히 들여다보면, 시의 화자가 이동하는 거리를 떠올릴 수 있다. 아내가 있는 집에서부터 일터로 향하는 여정이 한 줄기 선으로 이미지화되어 있다. 어떠

한 상황에서도 시적이기를 포기하지 않겠다는 시인의 신념을 감지할 수 있는 부분이다.

어느 날
집엘 다니러 왔습니다

세 살배기
아애는 말문이 터졌습니다

아빠 안면도 왔어 아이스크림 안면도 사왔어
기차 총 안면도 안면도 띠띠빵빵 물 안면도 버스
택시타고 갔다 꽃 안면도 돌 안면도 아빠 아빠 안면도
과자 안면도 저기 하부지 술 할미옷 사줬어 꼬까 안면도

아애를
얼싸안고
네 방구석을 돕니다

…… 중략 ……

필경
아애는

안면도가

하늘나라입니다

— 「하늘나라」 부분

이 작품을 읽다보면 뜨거운 감정이 치밀어 오른다. 눈에 넣어도 아프지 않을 분신을 떼어놓고 홀로 지내야 하는 안타까움이 진솔하게 전달되기 때문이다.

필경 주말인 듯하다. 그리고 젊은 시절, 안면도. 시인은 가족과 떨어져 지내다가 집에 온다. 그때 말문이 막 터진 세 살배기 아이가 서투른 단어로 아버지를 반긴다. 조사와 접속사를 구사하지 못하는 아이가 숨 막히게 나열하는 단어들은 이 시의 백미를 장식한다.

단어만 나열했는데도 그동안의 집안 사정을 알 수가 있다. 할아버지는 술을 드셨고, 할머니가 꼬까옷을 사주었는가 하면, 아버지는 안면도에서 버스를 타고 왔으며, 과자와 기차, 총을 사갖고 왔음을 인지할 수 있다. 아버지가 오는 날이 가장 기쁜 날이기에 아버지가 머무는 안면도는 아이에게 '하늘나라'와 동등한 공간으로 환기된다.

젊은 아버지는 아이를 안고 네 방구석을 돈다. 권위와 체면과 위엄을 버려버린 본능적인 부성애가 적나라하게 구현되면서 가족이라는 것, 자식이라는 인연이 무엇인가를 되새기게 해주는 장면이다.

이쯤에서 문학의 개연성에 대해 재고해볼 필요가 있다. 시의 소재는 김명아의 개인사에 불과하지만, 동일하거나 유사한 상황을 경험한 사람이 있을 것이고, 또 앞으로 경험할 여지가 있기 때문에 작품을 읽으면서 공감하고, 내 일인 양 안타까워하는 것이다. 이때 개인사는 우리 모두의 이야기로 확산된다.

가족을 떠나 있는 안타까움은 시 「불면증」에서도 잘 나타난다.

밤/ 안면도/ 젖떼기 울음소리

밤/ 바람소리/ 젖먹이 보채는 소리

밤/ 비둘기 소리/ 아기 달래는 소리

밤/ 어둠의 장막/ 가슴 앓는 안면도

잠이 오지 않는 밤에 젖떼기와 젖먹이, 애기들을 달래고 있을 아내 생각에 가슴앓이 하는 모습이 선명하게 이미지화된 작품이다.

4

시인의 깊은 사유는 자연현상도 소홀히 흘려보내지 않는다. 순례의 여정에서는 인생 중반을 넘어온 시기라고 할 수 있다.

나이 들수록 사람은 자연을 여실히 인식한다. 자연에서 왔으면서도 별개인 듯 오만하게 젊음을 살다가, 연륜이 깊어질수록 자연을 닮아가며 자연스러워진다. 자연에 점점 가까워지다가 드디어 하나가 되었을 때 죽음을 맞게 되는 것이다.

아침은/ 여명의 어둠에도/ 별빛 담은 이슬 내리고

아침은/ 잠든 생명의 영혼에/ 은하를 잉태시키고

새벽 숲속에서/ 퍼덕이는/ 멧새의 기지개

아침/ 새 빛/ 침실에 들어

일으켜/ 안아주는/ 어머니.

―「서시」 전문

「서시」는 '아침을 여는 시'라고 해석해도 무리 없을 것이다. 상서로운 아침의 도래가 참신하게 묘사되어 있기 때문이다.

아침은 새 빛으로 찾아들어와 자식을 일으켜 안아주는 어머니로 묘사되기도 하는데, 어머니가 안아주듯 따사로이 찾아들어 잠을 깨워주기 때문일 것이다. 아침은 "여명의 어둠에도 별빛 담은 이슬"을 내리는가 하면, "잠든 생명의 영혼에 은하를 잉태시키고", "새벽 숲속에서 퍼덕이는 멧새의 기지개"로 환기되기도 한다.

아침은 자연현상으로서의 한 순간이다. 자연현상은 시시때때 가지각색의 모양으로 우리에게 다가오지만 그것을 누구나 인지하지는 못한다. 시인의 날카로운 촉수가 아니고는 포착하기 어렵다는 의미이다.

시작품은 심오한 의미를 담아내기도 하지만, 제시만 해놓고 독자로 하여금 사유하기를 독려하기도 한다. 한 장의 그림이 많은 의미를 내포하기도 하지만, 풍경이나 정물을 제시해놓고 의미를 추출해내길 바라는 것과 같은 맥락이다.

> 봄비 부슬부슬/ 숲을 깨우고/ 대지 촉촉이 적시는 날/ 유성장 노전 서성거리다
>
> 상추씨 한 봉지 사들고/ 하신리 비탈밭에 엎드려/ 흙 향에 취하는/ 봄의 퍼포먼스
>
> 촉촉한 봄날/ 잎눈 꽃눈 트고/ 촉촉한 땅에서/ 새 촉 트는 날

가슴 울렁임/ 여인의 입덧/ 개구리가 뛰어나와/ 첫울음 운다.

–「봄비」 전문

「봄비」는 자연에 동화된 화자를 묘사하고 있다. 순례의 여정에서는 장년을 넘어선 나이라고 할 수 있겠다.

대전 유성의 오일장은 볼거리가 많다. 포장되지 않은 인심이 흥건하게 물결치는 삶의 현장이다. 화자는 유성장 노전에서 상추씨를 한 봉지 산다. 새 촉이 트기를 소망하면서 하신리 비탈밭에 정성껏 심는다. 그러던 어느 날, "여인의 입덧처럼 개구리가 뛰어나와 첫울음을 운다."

이 작품에서도 표현론적 관점을 옹호하는 시인의 태도가 드러난다. 새 촉이 텄다고 말하면 될 것을, 여인이 입덧하더니 개구리가 뛰어나왔다고 형상화한 부분이 그것이다.

시작품에 숨겨놓은 특별한 의미는 없다. 자연과 더불어 살아가고자 하는 바람이 잔잔한 물결로 밀려올 뿐. 이미 언급했지만, 이러한 장치 역시 시적 소명이라는 점을 간과해서는 안 된다.

5

이번 시편에는 부모에 대한 안타까운 마음을 토로한 작품도 눈에 띈다. 안타까움이란 사랑을 미처 깨닫지 못하고, 이해하지 못했음으로 인해 생성되는 감정이다. 사랑은 내리 흐른다고 했던가. 부모에게 올려주는 것은 불가능하다. 받은 것을 자식에게 베풀 수 있을 뿐이다.

어쩌다가/ 길바닥으로 내쫓겨나/ 생채기 아물 날 없는/ 삶을 사나

애기발 종종걸음에 눌려/ 바짝 엎드려 눕고/ 오가는 길손 발자국에/ 구겨진 잎사귀

어줍잖게/ 피어나는 꽃대궁/ 꽃은 피는 둥 마는 둥/ 표시 없이 피워 지우고/ 다닥다닥 씨 자루
길게 늘여 놓은 것이

아들자식 다섯 두고/ 마음 편할 날 없어/ 밤잠 설치는 엄니 가슴/ 질경이 잎사귀처럼/ 구멍만 뚫려 있네

–「질경이 풀」 전문

인간은 부모로부터 태어나는데, 왜 어머니를 더 그리워하는 걸까? 그것은 열 달 동안 안겼던 따뜻한 양수의 기억 때문일 것이다. 병아리를 품듯 망나니짓까지 품어주는 모성을 경험해보았기 때문일 것이다.

어머니의 희생적인 삶을 시인은 질경이로 환기하고 있다.

길바닥으로 쫓겨나 "애기발 종종걸음에 눌려 바짝 엎드려 눕고, 오가는 길손 발자국에 구겨진 잎사귀"가 바로 어머니이다. 애기발 종종걸음에 눌렸다는 것은 자식을 보살피다가 치인 어머니를 의미한다. 어줍잖게 피어나 "아들자식 다섯 두고 마음 편할 날 없어 밤잠 설친 이" 역시 어머니이다.

다음 작품 「어머니 품」에서는 어머니를 그리워하는 마음이 더욱 고조된다.

> 다듬이 소리/ 하얗게 배인/ 무명적삼 속
>
> 하얀 살/ 내밀어/ 몸을 내어주시던 어머니
>
> 처음 울던 날/ 어머니도 같이/ 우셨지요
>
> 눈물 없는 두 얼굴/ 소리만 합하여/ 세상을 열고
>
> 어머니 품에서/ 떠나온 바람이/ 따듯합니다
>
> ―「어머니 품」 전문

이 작품은 간결하지만 큰 울림을 준다. "다듬이 소리 하얗게 배인 무명적삼 속, 하얀 살 내밀어 몸을 내어주시던 어머니"는 표현적인 측면에서 문학적 요구를 100% 충족시켜준다.

어머니가 나를 낳으시던 날, 내 첫 울음과 함께 어머니도 우셨을 것이다. "눈물 없는 두 얼굴 소리만 합하여 세상을 열고, 어머니 품에서 떠나온 바람이 따듯합니다."라는 부분은 이 작품의 백미이다. 기교적인 측면에서 매우 뛰어나기 때문이다.

사모곡이나 사부곡을 쓰다보면 작품성을 간과하기 쉬운데, 「어머니 품」은 그와 같은 맹점을 극복한 작품이라고 할 수 있겠다.

어렸을 적 울 엄니
아궁이에 불 피우라 하시고
반찬거리 준비하시며
부뚜막에서 하시던 말씀

공부햐, 이누마!
느 애비 손모가지에 붙잡혔다간
평생 지개목발여!
언능 밥 먹고 핵교로 내빼여!

— 「부뚜막 경」 부분

「부뚜막 경」은 시제가 참 신선하다. '경'은 불경이나 성경처럼 신성한 의미를 함의하는바 부엌에서 불 때면서 하는 '잔소리'를 '경'으로 환기하고 있기 때문이다.

60~70년대 사람들은 참으로 열악한 환경에서 공부했다. 학교 다녀오면 소꼴, 돼지 풀을 베어야 했고, 산에 가서 땔나무도 베어 와야 했다. 먹고사는 일이 시급했던 당시의 부모들은 모내기를 한다든지, 타작하는 날이면 일손을 도우라고 으레 학교에 보내지 않았다.

시인도 동일한 환경이었을 것이다. 어느 일요일, 아버지는 여지없이 농사일을 도우라고 했을 것이고, 어머니는 그런 아버지에게서 아들은 빼돌려 공부시키고 싶었던 것이다. 그 간절함이 "공부햐, 이누마! 느 애비 손모가지에 붙잡혔다간 평생 지개목발여! 언능 밥 먹고 핵교로 내빼여!"라고 형상화되고 있다.

어머니는 아들이 농사꾼이 되는 것보다는 공부해서 지게꾼 신세를 면하기를 간절히 바랐음을 알 수 있다.

세월이 흐른 뒤, 잔소리로만 여겼던 말씀이 어느 경전보다도 진솔한 경이었다는 것을 깨닫는다. '경'은 반복적으로 외우는 속성을 지니는바, 어머니의 말씀도 한두 번으로 끝나지 않았을 것이다.

초로의 시인은 어머니 말씀을 몹시 그리워한다. 다시 그러한 상황이 도래한다면 열심히 공부하여 잔소리가 쏙 들어가게 했을 텐데, 빈자리만이 허허로울 뿐이다.

6.

시를 정독하며 순례 길에 서 있는 한 인간의 뒷모습을 직시할 수 있었다. 순례자에게서 눈을 뗄 수 없었던 것은 필자 또한 그와 다르지 않기 때문이다.

우리는 진솔한 삶을 위해 순례 길에 서 있는 인간일 뿐이다. 그리하여 고단한 어깨를 두드리며 순례자를 응원하지 않을 수 없다.

김명아 시인의 여정이 평화롭기를, 그의 문학세계가 더욱 높아지기를 바라마지 않는다.